Mi biblioteca de física

El sonido viaja

Kaitlyn Duling y Pablo de la Vega

Rourke Educational Media

A Division of Carson Dellosa Education

rourkeeducationalmedia.com

de la ESCUELA a la CASA

ANTES Y DURANTE LAS ACTIVIDADES DE LECTURA

Antes de leer: *construcción de los conocimientos del contexto y el vocabulario*

Construir los conocimientos del contexto puede ayudar a los niños a procesar nuevas informaciones y fortalecer los saberes que ya poseen. Antes de leer un libro es importante ahondar en lo que los niños ya saben sobre el asunto. Esto les ayudará a desarrollar el vocabulario e incrementar su comprensión lectora.

Preguntas y actividades para construir los conocimientos del contexto

1. Mira la tapa del libro y lee el título. ¿De qué piensas que tratará el libro?
2. ¿Qué sabes ya de ese tema?
3. Hojea un libro y echa un vistazo a sus páginas. Mira el índice, las fotografías, los pies de foto y las palabras en negritas. ¿Estas características del texto te dan alguna información o intuiciones acerca de lo que vas a encontrar en el libro?

Vocabulario: el vocabulario es clave para la comprensión lectora

Sigue estas indicaciones para iniciar una conversación acerca de cada palabra.
- Lee las palabras del vocabulario
- ¿Qué viene a tu mente cuando ves cada palabra?
- ¿Qué piensas que significa cada palabra?

> **Palabras del vocabulario:**
> - *gases*
> - *tímpanos*
> - *vibran*
> - *volumen*

Durante la lectura: *leer para entender y encontrar significados.*

Para lograr una comprensión profunda de un libro, hay que animar a los niños a hacer uso de estrategias de lectura atenta. Durante la lectura, es importante que los niños hagan pausas y conexiones. Dichas conexiones dan como resultado análisis más profundos y un mejor entendimiento del libro.

Leyendo con atención un texto

Durante la lectura, pide a los niños que hagan una pausa y hablen de lo siguiente:
- Cualquier parte confusa.
- Cualquier palabra desconocida.
- Texto con texto, texto con uno mismo, texto en conexión con el mundo.
- La idea principal de cada capítulo o encabezado.

Anima a los niños a usar claves contextuales para determinar el significado de cualquier palabra desconocida. Estas estrategias ayudarán al niño a aprender a analizar el texto de manera más completa durante la lectura.

Cuando acabes de leer este libro, ve a la última página para encontrar una **actividad posterior a la lectura.**

Índice

Escuchando el sonido

Escucha. ¡El sonido está en todas partes!

Enciendo la radio.

¡La música se escucha por todos lados!

A veces el sonido es fuerte.

A veces es bajo. A esto se le conoce como **volumen**.

Las ondas sonoras

Las cuerdas de una guitarra **vibran**.

Las vibraciones son conocidas como *ondas sonoras.*

No puedes ver las ondas sonoras.
¡Pero puedes producirlas!

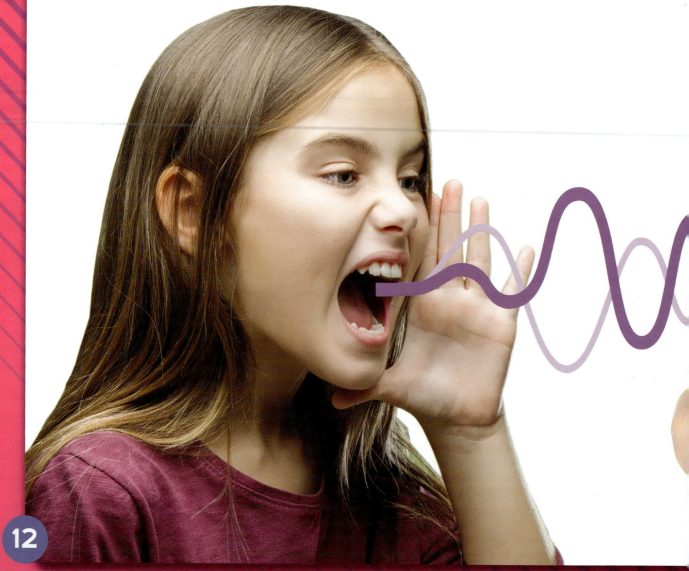

Producimos ondas sonoras
con nuestra voz.

Las ondas sonoras entran al oído. Hacen que tus **tímpanos** vibren. El cerebro recibe una señal. ¡Conoces ese sonido!

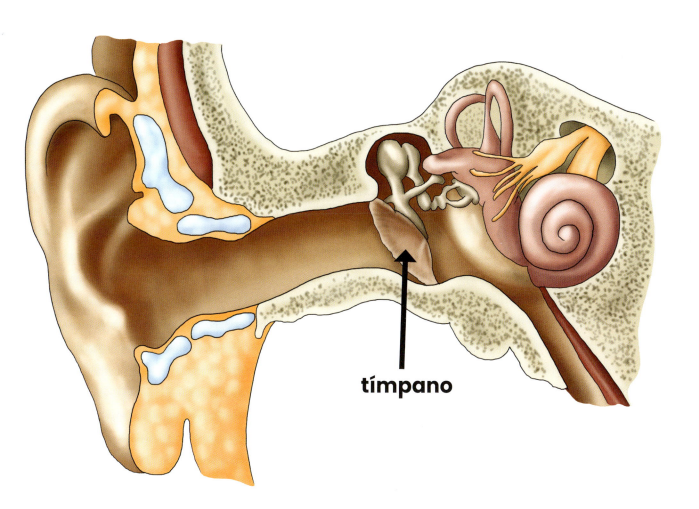

tímpano

Atravesando la materia

Las ondas sonoras pueden atravesar la materia.

líquido

sólido

16

Los objetos sólidos, los líquidos y los **gases** son tipos de materia.

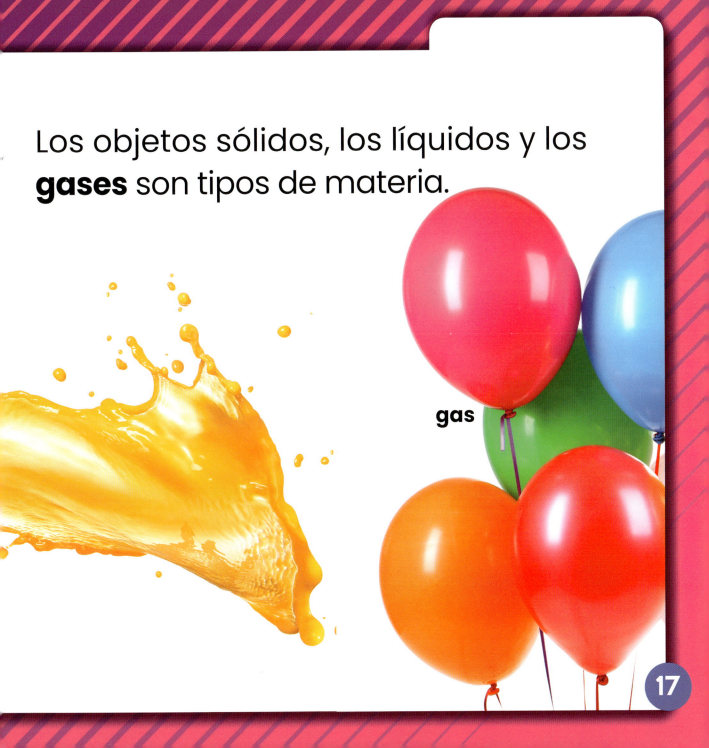

gas

Las ondas sonoras atraviesan el aire.

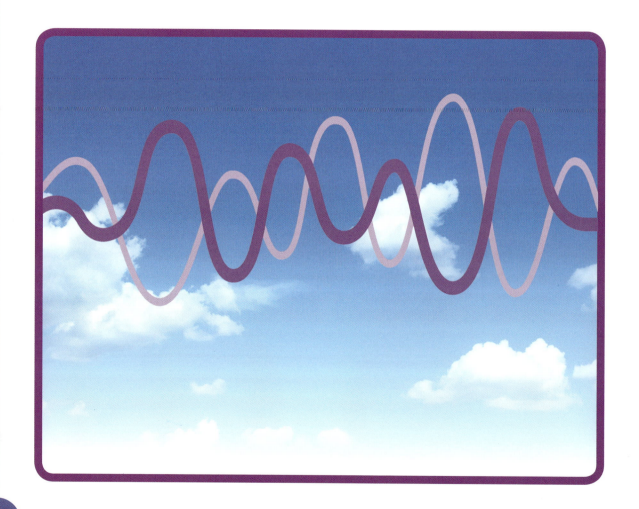

Pueden atravesar un vaso
de agua.

Si ponemos música con mucho volumen, las ondas sonoras pueden atravesar las paredes.

¡Esa música es hermosa!

21

Glosario fotográfico

gases: sustancias, como el aire, que se expanden para llenar cualquier espacio que las contenga.

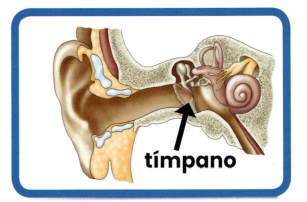

tímpano

tímpanos: las membranas de cada oído medio que vibran en respuesta a las ondas sonoras.

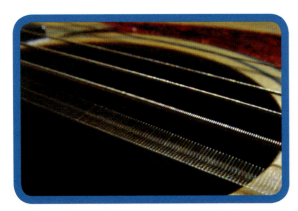

vibrar: moverse de ida y vuelta rápidamente.

volumen: intensidad del sonido.

Música acuática

Escucha con atención para entender cómo el agua puede afectar el tamaño de las ondas sonoras que la atraviesan.

Qué necesitas

seis vasos o jarras idénticos
agua
cuchara

Instrucciones

1. Pon poca agua en el primer vaso.
2. Pon más agua en el segundo, y aún más en el que sigue. El último vaso debe estar casi lleno.
3. Con la cuchara, toca suavemente cada vaso. ¿Qué escuchas? ¿Cómo las distintas cantidades de agua cambian los sonidos?
4. Haz una canción simple usando los diferentes sonidos musicales que creaste con los vasos. ¡Bravo!

23

Índice analítico

Sobre la autora

Kaitlyn Duling es una lectora y autora consumada que creció en Illinois. Ahora vive en Washington, D.C. Kaitlyn ha escrito más de 60 libros para niños y adolescentes. Puedes conocer más acerca de ella en www.kaitlynduling.com (página en inglés).

Actividad posterior a la lectura

Envuelve un tazón grande con envoltura plástica. Espolvorea un poco de arroz crudo en la parte superior. Luego, usa una cuchara metálica para golpear una sartén de metal. Las ondas sonoras harán que la envoltura de plástico vibre. ¡El arroz empezará a bailar! Así vemos las ondas sonoras en acción.

Library of Congress PCN Data

El sonido viaja / Kaitlyn Duling y Pablo de la Vega
(Mi biblioteca de Física)
ISBN 978-1-73162-951-7 (hard cover - spanish)(alk. paper)
ISBN 978-1-73162-943-2 (soft cover - spanish)
ISBN 978-1-73162-957-9 (e-Book - spanish)
ISBN 978-1-73163-366-8 (ePub - spanish)
ISBN 978-1-73161-411-7 (hard cover - english)(alk. paper)
ISBN 978-1-73161-206-9 (soft cover - english)
ISBN 978-1-73161-516-9 (e-Book - english)
ISBN 978-1-73161-621-0 (ePub - english)
Library of Congress Control Number: 2019945570

Rourke Educational Media
Printed in the United States of America,
North Mankato, Minnesota

Edición: Keli Sipperley
Producido por Blue Door Education para Rourke Educational Media
Traducción: Pablo de la Vega
Edición en español: Base Tres

Photo Credits: cover logo: frog © Eric Phol, test tube © Sergey Lazarev, cover tab art © siridhata, cover photos: girl © Africa Studio, background © bestfoto77, page background art © Zaie; page 5 © Africa Studio; pages 6-7 and 20 music notes © Pavel K, page 5 © matka_Wariatka; page 8 © Littlekidmoment; page 9 © TY Lim; page 10 © Cora Mueller; page 11 © Joshua David Treisner; page 12 © Aaron Ama; page 13 © New Africa; pages 12-13 sound waves © HappyPictures; page 15 © miha de; pages 16-17 legos © Billion Photos, orange juice © ifong, balloons © Africa Studio; page 18 © Elenamiv; page 19 © Kowit Lanchu; page 20 © fotoslaz; page 21 © Evgeniia Trushkova. All images from Shutterstock.com.